D1750570

Klaus Fisch
Peter Muzeniek

# Sagenhaftes Thüringen

TREPTOWER VERLAGSHAUS

# Sagenhaftes Thüringen

Erzählt von Klaus Fisch,
illustriert von Peter Muzeniek

ISBN 3—7303—0616—2

1. Auflage
© Treptower Verlagshaus GmbH 1990
Printed in Germany
Gesamtherstellung: Westkreuz-Druckerei, Berlin/Bonn, 1000 Berlin 49
Einbandgestaltung und Illustrationen: Peter Muzeniek
LSV: 7108
Bestell-Nr.: 686 909 4
29,80 DM

# Sagenhaftes Thüringen

Mitten im Erdteil Europa liegt Thüringen — einst, dann gut eine Generation nicht, nun wieder DAS GRÜNE HERZ DEUTSCHLANDS genannt. Hier bildete sich vor eineinhalbtausend Jahren aus verschiedenen Volksgruppen mit den Thoringi ein Stammesverband, der im 5. Jahrhundert als „Königreich Thüringen" zur politischen und wirtschaftlichen Macht geworden war.
In dieser Zeit wuchsen auf den Bergen Burgen — auch heute noch findet man sie als kulturgeschichtliche Denkmäler: Beweise bestaunenswerter Baukunst, als Zeugen von Kriegslist, aber auch vom Friedenswillen unserer Vorfahren — unübersehbar zwischen Werra und Saale.
Solange es Thüringen gibt, so lange erzählt man sich Sagen über dieses Land und seine Leute, über Liebe, Haß, Frieden, Krieg, Selbstzweck, Hilfsbereitschaft, über Geld und Gold, Gute und Böse, Arme und Reiche, über Zwerge, Riesen, Feen, Hexen, Jäger, Bauern, Fürsten, schöne Mädchen und freche Buben.
Einige der vielen Sagen seien nun neu und frei hier erzählt...

## Die drei Gleichen

Im überaus reichen Füllhorn des Thüringer Sagenschatzes findet sich auch die Geschichte, wieso die drei Burgen zwischen Arnstadt und Gotha immer gemeinsam genannt werden. Da wäre die eigentliche Burg Gleichen. Seit dem 11. Jahrhundert schaut sie ins Land. Urkundlich ist Burg Gleichen die jüngste im Bunde, denn vielleicht 100 Jahre früher wurde die Wachsenburg erwähnt. Ursprünglich hatten sich dort oben Nonnen niedergelassen, die diese Kuppe schätzten und voller Freude darauf siedelten, waren sie doch so dem Herrgott ein Stück näher, konnten indes ihren sonstigen Gelüsten unter der unschuldigen Sonne ungestört frönen. Doch in Gestalt des Abts von Hersfeld erschien eines Tages die Vertreibung aus diesem Paradies, um 950 war das, da ließ der Oberhirte eine Burg wachsen, um den umfangreichen kirchlichen Besitz im Arnstädter Gebiet zu schützen.

Später bewohnten Mönche die dicken Mauern, schließlich mußten Staatsgefangene die Zellen bei Wasser und Brot beziehen, dann verlustierten sich allerhand echte und falsche Fürsten hoch droben, und es ist noch gar nicht lange her, da tafelten regelmäßig die Jagdgesellschaften eines mittleren Möchtegernkönigs abgeschirmt in des Volkes eigener Burg.

8

Gelassen schaute die Dritte im Bund, die Mühlburg, durch ihre Ruinenfenster auf dieses und jenes Treiben herüber, steht sie als älteste doch schon mindestens seit dem 8. Jahrhundert mitten in Thüringen. Auch sie erlitt Besitzerwechsel durch Machtgelüste einzelner Herren und rauflustiger Familienstämme, ist nun nur noch eine Ruine, deren Steine viel erzählen können.

Zum Beispiel: Warum werden die Burgen nun die drei Gleichen genannt?

Sinken wir hinab in die Geschichte und tauchen im Jahre 1231 wieder auf. Was ist los im Thüringer Becken? Schlechtes Wetter! Ein dräuender Himmel hängt über der Landschaft und Blitze zucken, da löst sich eine seltene Naturerscheinung aus dem Wolkenhaufen und kullert durch die Gegend, ein unheilvoller Kugelblitz rollt durchs Land und streift nacheinander diese drei Burgen, eben noch stolz und kühn, nun brennen sie lichterloh. In dieser Maiennacht ereilte sie innerhalb einer Minute der gleiche Schicksalsschlag.

Die Asche von einst ist längst verflogen, die Burgen wurden wieder aufgebaut, zerstört, erneut errichtet, geschleift, dem Verfall preisgegeben. Nun sind sie Zeugen von einst und Zeugen des Wirkens der Menschen unserer Tage und sollen noch lange bestehen. Und wer will, der steige hinauf auf die Berge und schaue, erlebe, denke nach ...

Und er soll den Thüringer Sagenschatz weitererzählen, der sich um die Gemäuer nicht nur der drei Gleichen rankt ...

## Der zweibeweibte Graf

Glaubt man der Sage, so war Graf Ludwig von Gleichen gar nicht zu Hause, als der Blitz in seine Burg einschlug. Im Jahre 1227 hatte er nämlich nichts besseres zu tun, als Weib und Kemenate zu verlassen und sich mit seinen Ritterkumpanen in den Kreuzzug einzumischen. Doch die Eindringlinge bekamen eins auf ihre Helme, und weit weg von der Heimat gerieten sie in Gefangenschaft, wurden dann gar als Sklaven außer Landes verkauft. Der gute Graf hatte Glück, denn ein mächtiger Sultan nahm sich des strammen Deutschen an, für irgend etwas wäre er schon zu gebrauchen.

Kaum am Hofe seines neuen Herrn, hatte er wirklich viel zu tun — als Hofnarr, Vorleser, Märchenerzähler oder nur so als blasser Exot. Auch sonst war es weit weg von der Heimat nicht langweilig, denn des Sultans Tochter verliebte sich heftig in den flotten Thüringer. Auch dieser war nicht abgeneigt, zumal das entflammte Mädchen sofort Feuer und Flamme war für den Plan, die gemeinsame heimliche Flucht nach Westen zu ermöglichen, allerdings mußte Ludwig der orientalischen Schönheit vorher die Ehe versprechen, was er flugs tat. Man machte sich also auf die Pantoffeln.

11

Neun Jahre waren inzwischen vergangen, als der Graf vom mißglückten Kreuzzug zu Hause wieder aufkreuzte, wo er wie ein Held empfangen wurde. Der gesamte Hofstaat war angetreten, das Volk herbeigezogen, um zu gaffen, und unterhalb der Burg, beim Gasthof Freudenthal, da fand das große Willkommensfest statt. Ludwigs treues Weib war arg verwundert über dessen Mitbringsel in Gestalt einer exotischen Schönheit, doch bevor die Burgfrau überhaupt auch nur ein Eifersuchtsdrama beginnen konnte, erzählte ihr Ludwig ehrlich alles von seiner Lebensretterin und deren Bedingung, fügte auch gleich hinzu, daß er unterwegs mal kurz beim Papst gewesen war, der, alle göttlichen Gebote vergessend und sehr gerührt, ausnahmsweise in eine Doppelehe eingewilligt hatte.

Fortan lebte also der wackere Graf von Gleichen gleich mit zwei Ehefrauen sehr glücklich unter einem Dach und schlief, wie alle Sagenerzähler berichten, seitdem mit beiden Gattinnen im sonders gebauten breiten Ehebette hoch droben auf der Burg Gleichen.

Das Bett ist leider nicht mehr vorhanden, aber eine Nachbildung der Grabplatte kann man heute im Bergfried-Museum der Burg besichtigen, das Original ist in der Klosterkirche St. Peter zu Erfurt erhalten. Als dieser Stein im 19. Jahrhundert aufgehoben ward, um ihn im Dom aufzustellen, fand man überraschenderweise in Ludwigs Gruft wohl ein männliches Skelett, doch es war nicht von zwei, sondern von fünf weiblichen Gerippen umgeben! Hatte der wackere Graf gar noch mehr Angetraute? Ließ er großzügig alle seine Verhältnisse neben sich abruhen? Sagenhaft!

## Das wilde Heer und der Getreue Eckart

Tief drinnen im Hörselberg wohnen die Mannen des wilden Heeres. Zur Walpurgisnacht und in Fastnächten verlassen sie ihre Höhlen, um über das Land zu brausen. Oft ziehen sie auch am Erdboden entlang, durchqueren Wälder und Auen, sind auf Bergen und in Tälern zu sehen, scheuen auch keine Dörfer, suchen sogar Städte heim ...

Das wilde Heer ist eine gar grausig anzusehende Schar von Gestalten, viele geben sich als Gespenster, haben Gesichter von Verstorbenen, manche tragen ihre Köpfe in den Händen, andere haben Arme und Beine geschultert, Glieder scheinen vom Körper gelöst. Es kommen Geister dahergeschwebt, die sich ständig verändern, mancher scheint am unsichtbaren Galgen zu hängen, viele haben Messer in der Brust oder eine Axt im Schädel, Wunden klaffen, ohne zu bluten, andere sind auf Räder gebunden und rollen dahin wie jene, die gar ihre Folterbänke mit sich schleppen. Gebell, Wiehern, Grunzen, Fauchen, Brummen und Blöken begleiten den Zug, denn auch Tiere gehören zur erschröcklichen Truppe.

Vor dem Heer schreitet der einzig übliche Mensch, ein alter Mann, der Getreue Eckart. Er mahnt das gaffende Volk, denn jede Berührung mit dem Heer bringe Unglück.

14

Eines Tages wälzte sich der grauenvolle Haufen vom Dorfe Rohr auf Schwarza zur Saale hinunter. Unterwegs traf man auf zwei Knaben, die aus einer Wirtschaft für ihre Väter je einen Krug Bier geholt hatten. Eckart gab den Jungen rechtzeitig einen Wink, und diese versteckten sich flugs hinter einem Gebüsch. Doch die wilden Mannen, so schrecklich sie sich auch äußerlich gebärdeten, hatten gute Augen und Nasen und immer großen Durst. So stürzten sie sich auf die Jungen, nahmen ihnen die Krüge weg und soffen das kühle Bier aus, zogen dann beschwipst und laut krakeelend weiter.

Der Getreue Eckart lobte die Knaben, daß sie das Bier freiwillig hergegeben und so ihr Leben gerettet hätten; zu Hause aber sollten sie niemand etwas erzählen, dann wäre alles in Ordnung.

Die beiden beherzigten das, und als sie zu Hause vor ihren Vätern standen, waren die Krüge wieder voll köstlichen Bieres. Die Männer tranken und schluckten, doch der frische Quell aus Hopfen, Malz und Wasser versiegte nicht. Bedrängt erzählten die Knaben später von ihrer unheimlichen Begegnung mit den Heerscharen der wilden Art, und prompt floß kein Tropfen mehr aus den Humpen.

Die Wirtshäuser von heute im Thüringer Land besitzen zwar keine vom wilden Heer für ewig gefüllten Krüge, doch ist es bisher noch immer gelungen, jeden Durst zu löschen, Wanderer, probiert es!

## Zwerge und Riesen von Arnstadt bis Schwarza

Beim Marktplatz im sehr alten Arnstadt lebte einst eine gute Frau mit ihren Kindern, sie war Witwe und ernährte die Familie notdürftig durch Spinnen und Weben. Einziger Besitz war ein kleines Feld im Jonastal, das ihr die Stadtväter überlassen hatten, da der frühere Eigentümer von dannen gezogen war.

Jeden Sommer wartete die Witwe gespannt, bis das Korn reif war und sie mit ihren Kindern und Nachbars Hilfe ernten konnte.

Einmal war ein schlechtes Jahr, immerfort regnete es. Als das Korn dann doch auf dem Halm stand und sich sogar ein paar Sonnentage ankündigten, sollte flugs geerntet werden. Doch die reichen Feldbesitzer, die teilweise fern hinterm langen Kammweg lebten, hatten alle Schnitter und Gespannführer samt allen Leiterwagen längst in Lohn genommen, um vom Morgengrauen bis Sonnenuntergang ihre Ernte einbringen zu lassen. Keiner der Knechte durfte angesichts der Peitsche anderswo die Sense schwingen. So sehr die kleine Witwe mit ihren Kindern sich auch mühte, sie schaffte die Erntearbeit nicht und fürchtete um das bißchen gewachsene Brot.

Als sie schließlich weinend am Feldrain saß, tauchte neben ihr ein Wichtelmann auf, dieses Völkchen wohnte schon lange im Tal.

Die Zwerge hatten sofort die Lage erkannt und ihr Vorbote schickte die Frau weg, einen Wagen zu holen. Ungläubig lief diese gen Arnstadt, als sie zurückblickte, sah sie ein rastloses Gewimmel auf ihrem Feld, unzählige Wichtelmänner waren bei der Ernte.

Als die Frau dann mit einem Nachbarn und dessen Gespann zurückkam, war der ganze Acker sauber abgeerntet, nicht eine Ähre lag noch zwischen den Stoppeln. Leider waren die fleißigen Männlein verschwunden, und die Witwe konnte sich nicht bedanken. Da sie aber ahnte, daß die Wichtelhöhle am südlichen Abhang des Sonnenbergs lag, ging sie nun öfter dorthin und rief ein Dankeschön in einen Felsspalt, erhielt aber keine Antwort.

Im nächsten Sommer war die Witwe ihr Feld los, denn ein reicher Bierbrauer von jenseits des grünen Kammweges hatte uralte Besitzansprüche geltend gemacht und verleibte den Rain seiner Ländereien ein, nun konnte großen Stils geerntet werden.

Die arme Arnstädterin und ihre bald erwachsenen Söhne bekamen aber jedes Jahr ein Fäßchen Freibier vom großen Nachbarn...

Wo Zwerge sind, müssen auch Riesen sein. Fürwahr lebte eine kleine Reise nach Osten hin ein Hünenstamm, der sich im Geviert Arnstadt, Ilmenau, Saalfeld, Rudolstadt, Kahla, Weimar niedergelassen hatte. Mit dem Finger auf der Landkarte kann man ermessen, wieviel Platz so eine Riesenfamilie brauchte.

Einstmals spielte eine Hünenprinzessin auf den Felsen oberhalb des Flüßchens Schwarza und erblickte unten im Tal einen Ackersmann, der fleißig hinter seinem Pflug herschritt. Nahebei stakten Fischer mit ihren Kähnen die Schwarza entlang und holten mit ihren Netzen prächtige silberne und bunte Flußbewohner heraus. Weiter abwärts mühte sich ein Müller samt Geselle mit schweren Säcken ab, eine Kinderschar spielte Ringelreihe auf der Wiese, hinter einem Gebüsch schmusten zwei junge Leute, vorm Wirtshaus ließen Wanderburschen sich die Rostbratwürste und das kühle Schwarzbier schmecken, während etwas weiter weg auf der Schwarzburg sich die gräfliche Jagdhorde formierte und wie eine wilde Meute in die dunklen Wälder davonstieb.

18

All das beobachtete die lange Prinzessin mit Vergnügen, die Menschen in ihrem Tun waren gar zu putzig anzusehen. Neugierig stieg das Mädchen hinab ins Tal und nahm den Bauern samt Pflug und Ochsengespann vorsichtig auf die hohle Hand, barg alles in der Schürze und kletterte damit wieder den Berg hinan. Mit kindlicher Freude rannte sie zur Mutter und rief: „Sieh mal, was ich für ein schönes Spielzeug gefunden habe!"

„Aber Kind", belehrte die Mutter ihre Tochter, „das ist kein Spielzeug, das sind Menschen und Tiere! Trage die niedlichen Geschöpfe sogleich wieder hinunter aufs Feld, denn sie sind nützlich, säen und ernten, mahlen und backen. Auch unser Brot ist aus ihrem Mehl!"

Das Riesenmädchen streichelte den vor Schreck und Staunen halb erstarrten Ackersmann und trug ihn samt Gespann vorsichtig wieder ins Tal hinab, wo sie ihn auf seinem Feld aussetzte. Sogleich pflügte das Bäuerlein weiter, und die Hünenprinzessin sah ihm wie den anderen Bewohnern des Schwarzatales ehrfürchtig zu.

Schließlich wurde sie der Menschenwichte Freundin, durfte dem Fischer helfen, das schwere Netz aus dem Wasser zu ziehen, lud mit Leichtigkeit des Müllers Säcke vom Wagen, ließ die Kinder am Zopf baumeln und schaukeln, kostete ein paar Litertropfen Bier und aß die restlichen Bratwurstpfunde auf, wies den Jägern von oben herab den Weg, hatten sie sich im finsteren Tann verirrt.

Eines Tages lernte die noch ein bißchen gewachsene Hünenprinzessin einen anderen Recken kennen, und der stramme Bursche erfreute seine Freundin mit einem völlig anders aufregenden Riesenspielzeug.

## Der Rodaer Bierkrieg

Von jeher war im Städtchen Roda das Bierbrauen ein wichtiger Akt, ja, in fast jedem Haus wurde gebraut, und außerdem gab es beim Felsenkeller noch die Stadtbrauerei für den großen Durst.

Da die Rodaer Bürger nicht alle Fässer selbst leeren konnten und auch nicht wollten, denn sie mußten ja etwas zur Feldarbeit hinzuverdienen, hatten sie alle Leute in den umliegenden Dörfern vergattert, nur das gute Rodsche Bier zu trinken. Dieses Braurecht hielten sie heilig und wehe, ein anderer Landsmann im Umkreis setzte mehr als ein Faß Haustrunk an. Doch die Bauern von Laasdorf und Zöllnitz hielten sich nicht an diese Bevormundung im wahrsten Sinne des Wortes und brauten sich seit einiger Zeit große Vorräte an Gerstensaft selbst.

Als das die Bierspione von Roda mitbekommen hatten, erhob die Stadt große Vorwürfe wegen Schädigung des städtischen Bierhandels. Ja, die Rodaer schluckten schnell ein paar Maß und zogen mit Waffen zu den Dörflern, um ein strenges Strafgericht zu halten. Schon flogen Steine, wirbelten Knüppel und Sensen, loderten Lunten. Eben wollten die selbsternannten Getränkerichter das Rathaus anstecken, da kam Vollmar Gurgelschlürf, der geheime Kundschafter, herbeigeeilt und berichtete, daß er im Rodaer Kloster noch größeren Frevel entdeckt habe, er hätte soeben eine große Brauerei mit angeschlossener Schankwirtschaft dort ausgeschnuppert!

Sofort beseitigten die Rodaer Kämpfer in großen Schlucken alles flüssige Brot aus ihren Proviantfässern und stürmten los, denn das ging zu weit! Innerhalb der eigenen Stadtmauern machten sich nun sogar die Gottesknechte ihr Bier selber! Soweit war es also schon gekommen, da hörte jede christliche Nächstenliebe auf!

Als die Meute durch die Rodaer Straßen polterte, ließen auch alle anderen Bürgermänner ihre Arbeit fallen und schlossen sich an. Man tankte unterwegs in den Schenken noch schnell nach und randalierte zum Kloster hinauf.

Der Propst war längst durch seine geheimen Kundschafter gewarnt und befürchtet das Schlimmste, denn beim Bier fängt in Thüringen die Freundschaft an — oder sie hört auf. Und das war nun der Fall. Der Himmelshirte hatte also in weiser Vorahnung den Landesherrn um Beistand gerufen, und da Graf Heinrich von Reuß ein Raufbold war, machte er sich sofort mit seinem Kriegerheer von Gera aus nach Roda auf den Weg.

Schon näherte sich der Haufen kampfeswilliger und durstiger Haudegen, als die Rodaer diese Wende begriffen. Rasch versuchten sie nun die Stadtmauern und Tore zu befestigen und den Ort in wehrhaften Zustand zu versetzen, um den Feind gebührend empfangen und abwehren zu können. Doch nun stellten sie aber mit Schrecken fest, daß fast nichts in Ordnung war. Die bisherigen Herren hatten zwar in Saus und Braus gelebt und um sich selbst eine dichte Mauer der Unnahbarkeit errichtet, für das Allgemeinwohl und die Sicherheit des Volkes war recht wenig getan worden. Schließlich hatten die Bürger vor lauter Bierbrauen und Trinken sowie wegen der vielen Angriffe auf die benachbarten Selbstversorger ihre Stadt arg vernachlässigt.

Also hub nun ein emsiges Flicken an, doch die Befestigungen und Mauern waren verwahrlost, am Roten Tor fehlte sogar das Schloß. Als das der Bürgermeister gewahrte, wurde er blaß, dann röteten sich seine Wangen, denn er sah einen Korb frischer Möhren stehen. Die

22

längste und dickste der Rüben nahm er und steckte sie schnell in den Haspen am Tor. Er war überzeugt, das hielte dem Ansturm stand, sah das jedenfalls so in seiner bierseligen Laune.

Leider hatte der oberste Ratsherr nicht den Ziegenbock beachtet, der um ihn herummeckerte, und als der Bürgermeister weggeeilt war, machte sich der Bärtige daran, die Möhre herauszuziehen und genüßlich zu fressen.

Schon nahte Graf Heinrich und freute sich, daß er durch das unbewachte, ja, unverriegelte Tor ungehindert ziehen und so die Stadt im Handstreich einnehmen konnte. Nun hub eine tagelange Besatzung an, während der die Soldaten sich auftafeln ließen und dem guten Rodaer Bier fleißig zusprachen. Endlich, fanden sie, hatte sich mal ein Feldzug echt gelohnt. Die Rodaer trösteten sich, daß die „Gäste" ihr Bier so vorzüglich fanden und außerdem nur durch einen dummen Zufall, wegen eines blöden Zickenbocks, in die Stadt eindringen konnten. Deshalb setzten sie alsbald drei Möhren ins Stadtwappen, doch nun wurden sie verspottet, und sie malten aus den Möhren Türme. Aber, es half nichts, die Geschichte von dem gefressenen Stadtschloß hielt sich lange, und noch heute werden die Kinder in Stadtroda manchmal zur Neckerei „Rodsche Möhre" gerufen.

## Die bejauchten Grafen und anderes Erfurter Allerlei

Wer hätte das gedacht: Erfurt ist ein Werk des Teufels, doch der liebe Gott hat schützend seine Hände über die Stadt gehalten und geholfen, daß sie das wurde, was sie ist; die größte Stadt Thüringens, die allerdings zeitweise zum Königreich Preußen und dessen Provinz Sachsen gehörte.

Wie entstand nun Erfurt? Es spinnen sich darum viele Sagen, eine Mär berichtet folgendes: Frankreichs König hielt sich einst auch zwölf Studenten bei Hofe, die er seine „deutschen Schüler" nannte. Es waren reiselustige Gesellen, die ständig in der Welt herumsegelten. Sie saßen dabei auf einer Glücksscheibe und betrachteten den Erdteil aus der Luft, berichteten anschließend dem König, was sie gesehen hatten; welches Volk was dieses Jahr auf den Feldern anbaute, welcher Herrscher welche Waffen sich anschaffte, welche Gebäude in den Himmel wuchsen, wieviel Gold die Wäscher hie und da siebten, wer mit wem buhlte, was für Glück oder Unglück die Nachbarn beschäftigte.

Diese Glücksscheibe, der Fernseher der ersten Stunde sozusagen, war natürlich ein Werk des Teufels. Alle vier Jahre nahm er sich dafür einen der deutschen Schüler als Lohn, indem er diesen plötzlich und unerwartet von der Scheibe schubste, ihn schnurstracks in die Hölle und in den bekannten Kessel fallen ließ.

Eines Tages segelte der letzte Schüler über Thüringen und konnte gar nicht mehr so aufmerksam ausspähen, denn, er war aufgeregt, wußte er doch, daß jeden Augenblick des geschwänzten Hinkefußes Hörner auftauchen und dessen Gabel ihn erwischen konnte. Und potz Teufel, da war es auch schon soweit, und der Schüler stürzte hinab. Gott sei dank verfehlte er, gelenkt von einem Schutzengel, den Höllenschlund und landete auf einem Berg in einem Misthaufen.

Als das der Frankenkönig erfuhr, ließ er am Unfallort eine Kapelle für seinen letzten braven deutschen Schüler erbauen — das geschah auf dem Petersberg, zu dessen Füßen dann Erfurt entstand.

Diese Stadt gehörte später auch einmal zur Herrschaft des Bischofs von Mainz. Das war ein frommer und gelehrter Mann, der im Jahre 975 für dieses Amt ernannt wurde. Er kam aus dem Volke, sein Vater arbeitete als Wagner. Den adligen Herren und den Stiftsgenossen paßte ein solch einfacher Handwerkerssohn vor ihrer Nase nicht, und sie ließen, da sie nicht öffentlich ihre Meinung kundtun wollten, an Wänden und Türen des bischöflichen Schlosses mit Kreide und Farbe viele Wagenräder malen. Doch der kluge Bischof lachte darüber und ließ nun seinerseits — stolz auf seine Herkunft — in alle seine Gemächer und an die Fensterläden weiße Räder im roten Feld malen, hißte sogar hoch auf dem Turm eine Fahne mit diesem Bild — so kam das Rad ins Wappen von Erfurt. So mancherlei geschah noch unter diesem Symbol, die Geschichte rollte mit dem Erfurter Rad weiter.

So wollte einst eine Zwietracht zwischen dem Erzbischof Konrad und dem Landgrafen Ludwig III. nicht enden. Kaiser Friedrich I. war wütend darüber, wühlte grübelnd in seinem roten Bart und schickte schließlich den hoffnungsvollen jungen König Heinrich nach Erfurt, auf daß er den Streit schlichten sollte.

Worum es ging, wußte keiner so genau, man stritt wohl darum, wer einst zuerst als mainzischer Statthalter nach Thüringen gekommen war. Die Verhandlung des Falles fand im oberen Stockwerk des Hauses statt, das der Probst der Marienkirche bewohnte. In diesem

26

alten Gemäuer verhörte also Heinrich die beiden Streithähne, und mehrere Grafen, die als Zeugen heranbefohlen waren, saßen bei. Stundenlang wurde heftig debattiert und auf den Tisch gehauen. „Ihr lügt ja, daß sich die Balken biegen", rief eben einer der Widersacher aus, als wirklich die Tragebalken des Saales unter den Füßen der edlen Herren zu ächzen anfingen. Schon barst der schwere Estrich des Fußbodens und krachte nach unten. Der ganze Raum brach mit solcher Wucht zusammen, daß er das Haus durchschlug und die vornehmen Männer samt Diener, Schreiber, gaffende Zuhörer und alle Möbel mit sich in die Tiefe riß. Unglücklicherweise landeten die Edlen genau an der Stelle, wo sich die Kloakengrube im Keller befand. Alle plumpsten hinein, und allein sieben Burggrafen ersoffen jämmerlich in der Jauche.

Der König indes konnte schwimmen, und bald wurde er aus der stinkenden Brühe herausgezogen. Glück gehabt hatten der Landgraf und der Erzbischof, sie hatten nämlich in Fensternischen gesessen und waren deshalb vorm Sturz bewahrt worden. Angstschlotternd hielten sie sich gegenseitig brüderlich fest, bis man sie mit Leitern herunterholte. Doch kaum war der Gestank abgewaschen, begann ihr alter Streit von neuem; doch der junge König hatte erst einmal die Nase voll und verzog sich aus Erfurt.

## Thüringens Sohn Johann Faust

Als Johann Faust im Dörfchen Rod bei Weimar (andere Ortschaften in deutschen Landen nehmen ihn als ihren Sohn ebenfalls in Anspruch), als also Faust um 1480 irgendwo geboren ward, ahnte niemand, daß damit ein großer Zauberer, Gelehrter und Teufelsbruder das Licht der Welt erblickt hatte; nur Hänschenklein in seiner Wiege sah seinen Lebensweg schon genau vor sich und plärrte allerhand Scherze aus dem Windelpaket heraus, trieb Ulk, wie man ihn von einem Säugling noch nicht erlebt hatte.

So schmatzte er nicht nur lange und lustvoll nacheinander Mutters Brüste mehrmals am Tage leer, nein, wo er auch nur eine Nachbarin in seiner Nähe erhaschte, grapschte er nach ihrem Busen, zog am Schürzenband und versuchte sogar, mit dem großen Zeh unter ihren Rock zu gelangen... Dieses Lustbündel verließ beizeiten die Heimat an der Ilm und zog zu einem reichen Verwandten nach Wittenberg, der dafür sorgte, daß Johann zur Schule ging und dann Theologie studierte.

Später zog es ihn immer wieder in die Thüringer Heimat zurück, namentlich Erfurt war oft sein Ziel, wo er sich zeitweise auch niederließ.

Mittlerweile war er Doktor aller Wissenschaften, und es gereichte dem Erfurter Collegium zur Ehre, den berühmten Landsmann lehren zu lassen. Die Studenten waren von Dr. Faust begeistert ob seiner ungewöhnlichen Schulstunden, die er abhielt.

Nur ein Beispiel: Einmal erzählte Faust vom griechischen Poeten Homer und schilderte die in dessen sagenhaften Geschichten vorkommenden Gestalten derart lebendig, daß die Zuhörer ein großes Verlangen ankam, Homers Geschöpfe leibhaftig zu erleben.

Die Jünger der Schulbank trampelten mit den Füßen, klopften mit den Fingern und bedrängten lauthals den Doktor mit ihrem Wahnwunsche, bis er einwilligte, bei der nächsten Lektion die fantastischen Kriegshelden und anderen homerschen Unikums lebendig hier in der Aula vorzustellen.

So kam es. „Wohlan", rief Faust anderntags, „lasset uns fern sehen!" Und fürwahr, in den überfüllten Lehrsaal stapften plötzlich die alten Krieger in ihrer seinerzeit gebräuchlichen Ausrüstung, es erschien sogar für einen Augenblick Odysseus.

Diese Gestalten vollführten kleine Kämpfe vor den Bänken, setzten sich zu den Scholaren, nahmen Dr. Faust auf den Arm, gingen dann brav wieder hinaus. Schon prasselte Beifall hernieder, da kam der Riese Polyphemos hereingepoltert, wie in Homers Schilderungen hatte er nur ein Auge inmitten der Stirn. Das Auge rollte hin und her, und der Kerl war auch sonst gräßlich anzusehen, so daß allen Studenten die Haare zu Berge standen.

Der Riese war übrigens gerade dabei, wieder einmal einen Menschen zu fressen, seine Mahlzeit hing ihm noch mit den Beinen aus dem Maul heraus.

Nun schickte sich der häßliche Hüne auch noch an und versuchte, nach den jungen Männern zu greifen, näherte sich auch bedrohlich Dr. Faust. Das war dem nun doch zu bunt, und mit einem Fingerschnipsen beendete er den Spuk, der Riese latschte vergnatzt hinaus. Jetzt waren die Studenten nicht mehr zu halten, wie ein Lauffeuer verbreiteten sie das Erlebte in Thüringen.

Dagegen waren andere Geschichten harmlos, mit denen der sagenhafte Dr. Faust aufwartete. Einmal weilte er in Prag, während sich seine Erfurter Freunde zu einem großen Abendschmaus und Saufgelage zusammengefunden hatten. Die Gesellschaft war lustig

30

und ausgelassen und bedauerte laut, daß zur Krönung der Sause der Faust, Johannes nicht allhier war im Hause. Da klopfte es an die Haustür, ein Knecht spähte aus dem Fenster und sah unten den berühmten Doktor stehen. Als er dies dem Herrn meldete, beschimpfte dieser den Knecht: „Bist du toll? Willst du uns verarschen? Faust weilt fernab in Prag und kann nimmer hiero und itzo vor der Türe stehen, du Blödmann!" Weil es nochmals klopfte, schaute der Hausherr nun selbst aus dem Fenster und gewahrte wirklich Fausten. „Blöder Hammel, blindes Huhn", schnauzte der Herr seinen Knecht an. „Siehst du nicht, daß mein berühmter Freund Dr. Faust vor der Tür steht und Einlaß begehrt? Öffne sofort die Pforte, du Nichtsnutz!"

Und schon trat der Doktor ein, wurde mit großem Hallo empfangen. Als man ihn nun frug, wie er so rasch von der Moldau an die Gera gelangt war, antwortete er: „Das verdanke ich meinem guten Gaul. Ich kann aber nur diese Nacht bleiben, bei Tagesbeginn muß ich wieder in Prag sein." Den Freunden standen vor Unglauben die Mäuler offen, doch sie kannten ihren Hans und gaben sich zufrieden. Man fing an zu essen und zu trinken, und alles behagte dem Dr. Faust. Er trieb allerlei Possen und lud auf einmal zur Verkostung edler Weine aus verschiedenen Ausländern ein.

„Gern", rief der Hausherr, „doch mein Keller bietet nur die Rebensäfte von Saale und Unstrut!" „Ich habe alles dabei", erwiderte Faust und begann mit einem Bohrer in die Tischplattenseite Löcher zu drehen; sofort flossen herrliche Weine aus Spanien, Italien, Ungarn und dem Frankenreich heraus, und jeder konnte seine Gläser wahlweise damit füllen. „Nun gelüstet es mich noch nach ein paar gesottenen Hechten", sagte Faust in die beschwipste Runde und ergötzte sich an seinem wieder einmal verblüfften Gastgeber, welcher stotterte: „Hechte? Die habt Ihr doch sicher selbst auf der Pfanne, alter Scharlatan?!" „Natürlich", erwiderte Faust, öffnete das Fenster und griff aus der Luft eine große Schüssel knusprig gebratener Hechte, über die sich die ganze geschlossene Gesellschaft gleich hermachte.

„Es geht doch nichts über Fisch auf dem Tisch", bekundete Faust, „doch nun muß ich davon, für süße Mädels bleibt zum Nachtisch leider keine Zeit mehr." „Aber wir hätten

schon noch Appetit auf Muscheln im Krautbett, mit rosigen Speckbacken unterlegt, überdeckt von wohlgeformten, rosinenverzierten Puddinghügeln und...", ereiferte sich hastig der Hausherr. Doch Faust unterbrach ihn und meinte: „Ihr Unersättlichen, dann gehet alle nach Hause zu eueren Weibern, die haben jedem von euch und sich selbst ein köstliches, üppiges Nachtmahl vorbereitet. Hier, steckt euch das, damit ihr nicht bei der Vorspeise schlappmacht." Und jeder bekam eine von Doktor Faustens Wunderbohnen.
Da trat der Sohn des Hausherrn herein und erzählte, Fausts Pferd habe schon mehrere Scheffel Hafer gefressen und einen Eimer Bier ausgesoffen und zeige immer noch großen Appetit, außerdem führen dem Roß unterm Schwanze immer wieder schweflige Winde hervor. „Ist gut, danke, das reicht", meinte Faust, öffnete das Fenster und rief zu seinem heraufwiehernden Gaul hinunter: „Bleib ruhig, ich komme gleich, Mephistopheles!" Während die Kinnladen der Versammelten nach unten klappten, schritt Dr. Faust mit einem kurzen „Adieu!" durch die Tür. Die Gäste blickten verdutzt aus dem Fenster und sahen, wie sich Faust auf das Pferd schwang, die Gasse hinauftritt und sich plötzlich schnurstracks mit dem Tier in die Lüfte erhob und so offenbar bis Prag schwebte...

## Die Pest in Gera

Nur scheinbar unsichtbar lag der Tod über der Stadt an der Weißen Elster, denn täglich wurden mehr Leichen zur Stadt hinaus auf den Anger gefahren. Jeder Gesunde hatte als Totengräber mit anzupacken und hoffte inständig, daß der Sensenmann ihn dabei nicht angehaucht hätte. Wieder einmal ging die Pest um in Gera, war herbeigeschlichen und küßte jeden, der ihr in die Quere kam. Die ansonsten so gemütlichen und freundlichen Geraer, die man liebevoll die „Gerschen Fettguschen" nannte, wurden von der mittelalterlichen Geißel Pest heimgesucht wie lange nicht.
So kam es, daß viele Geraer ihre geliebte Thüringer Heimat verließen. Auch zwei ansonsten lustige Handwerksgesellen hockten nun mit rechtem Unbehagen beisammen und schmiedeten Pläne; für sie stand eigentlich ohnehin längst fest, nun endlich auf die Walz zu gehen. Sie saßen also im Ratskeller und schlürften Wein und überlegten, wohin sie dem schwarzen Tod entfliehen könnten. Plötzlich erblickten sie in einem Winkel der Gaststube eine dünne Rauchsäule von bläulicher Farbe, die langsam zur Ecke wanderte und dann nach oben stieg und sich allmählich in einem Loch im Gebälk verzog. Die beiden Gesellen wußten nicht, ob

34

sie der Wein benebelt oder sie wirklich diesen Spuk beobachtet hatten, machten einige Witze über das seltsame Rauchgebilde, und der eine Bursche stieg auf die Bank und drückte lachend den Flaschenspund in das Loch, in dem der Rauch verschwunden war.

Anderntags zogen die beiden auf Wanderschaft, froh, den verpesteten Gassen entkommen zu sein. Kurz hinter Gera trennten sich ihre Wege, und sie verabredeten, sich in genau fünf Jahren wieder im Ratskeller der Fettguschen-Stadt zu treffen. Die Zeit verging, die Pest hatte sich endlich aus Thüringen verzogen, und eines Tages saßen die nun weitgereisten Handwerksgesellen wieder in der Gaststube und becherten Wein, während sie sich ihre Erlebnisse erzählten. Da fiel beider Blick auf den Pfropfen, der noch immer in der Wand stak. Ein Bursche erhob sich und meinte: „Sieh da, vor genau fünf Jahren habe ich das blaue Vögelchen in dieses Loch eingesperrt, will mal sehen, ob es noch drin sitzt". Er zog den Spund aus der Wand und sofort entwich eine bläuliche Wolke.

Es dauerte nicht lange, da verfärbten sich der Burschen Gesichter, sie fielen um, der schwarze Tod in blauer Gestalt hatte ihr Leben ausgelöscht.

Die beiden Handwerksgesellen waren die ersten Opfer einer neuen todbringenden Raserei der Pest. Der Wirt des Ratskellers, der die toten Gäste fand, steckte sich arglos als nächster an, und so ging der Sensenmann fortan wieder umher.

## Wundervolles Jena

und um Jena erheben sich Berge und betten die Stadt seit einem Dreivierteljahrtausend in einen anheimelnden Talkessel, den die Saale von Süden nach Norden durchfließt. Von den Hügeln herab und durch die Ebenen herbei winden sich Wege und Straßen, die sich auf dem Marktplatz treffen, der von altersher „Jenas gute Stube" genannt wird. Kaum ein großer deutscher Geist der letzten Jahrhunderte, der nicht persönlich hier gewesen wäre, gelebt und geschafft hätte, beherbergt die Stadt doch eine alte Universität und manche bedeutende Werkstätte, in der Forscherdrang und handwerkliches Geschick oft gute Früchte ernten ließen.

Jenas Wappen wird von einer Traube geziert, denn an den Saalehängen wuchs und wächst wieder ein Wein, den einheimische Kenner zu schätzen wissen. Das waren weniger die Studenten und Handwerker, ihnen mundete besser das jensche Bier. So vertrugen sich immer gut die Jenenser (die hier Geborenen) mit den Jenaern (die Zugezogenen).

Für die Durchreisenden hatten sich die Stadtväter etwas ausgedacht: die sieben Wunder.

Wer nämlich emsig zu Fuß war, kam viel umher, wer aber nur fußfaul oft gerastet und seine Zeit feiernd und liebend verbracht hatte, der lernte wenig vom Land kennen.

Die Rede ist von den Handwerksgesellen, die einst durch die Lande zogen und arbeitend für ihren Beruf hinzulernen sollten, manchmal sogar wollten. Viele der Bequemen kamen zurück in den Heimatort und erzählten ihren Meistern wunder, wo sie überall gewesen waren und geschuftet hatten. Und da es noch keine Berichtshefte, Wanderbücher oder gar Ansichtskarten als Beweise für die wirklich zurückgelegten Wanderrouten gab, mußten die Altvorderen das glauben oder nicht. In diese Lücke setzte man in Jena Wahrzeichen, die nur der kennen und beschreiben konnte, der im Ort gelebt hatte.

Die Saalestadt hatte sieben solcher Merkwürdigkeiten, die man die 7 Wunder nannte und die teilweise heute noch vorhanden sind: allen voran der Fuchsturm, der Bergfried der ehemaligen Burg Kirchberg. Das soll aber ursprünglich gar kein Turm gewesen sein, sondern es ist der versteinerte kleine Finger eines Riesen, der hier in eine Felsspalte gefallen war, als er beschwipst vom stürmischen Wöllnitzer Weißbier nach Hause torkelte. Gerade hatte es der letzte Ahn des Riesengeschlechts noch fertiggebracht, als Zeichen der Menschheit sein kürzestes Glied ausgestreckt aus der Erde zu hinterlassen.

So etwas erzählten die Wanderburschen gern und ausführlich weiter, was hatten sie aber noch anzusehen und sich zu merken vom wundervollen Jena?

Als da wären: der Berg Jenzig, ein kahler Kalksteinfelsen; die Durchgangshalle unterm Altar der Stadtkirche — eine baugeschichtliche Seltenheit; das eigenartige Haus des Naturwissenschaftlers Erhard Weigel, in dem der kühne Professor schon eine Wasserleitung und einen Personenaufzug hatte, außerdem gab es einen schwarzen Schacht vom Keller bis durchs Dach, an dessen Ende man sogar bei Tage habe die Sterne beobachten können; die Camsdorfer Brücke über die reißende Saale, Meisterleistung der alten Maurerzunft; den Drachen, dessen Urbild aus allerlei Zeugs Jenenser Studenten um 1600 gebastelt hatten; und schließlich den „Hans von Jene" — Teufel und Narr in einem, Mittelpunkt einer Kunstuhr am Rathaus. Seit über 500 Jahren schnappt Hans jede Stunde nach einer goldenen Kugel, wobei man in Jena meint, das sei natürlich ein Thüringer Kloß.

38

Eigentlich hat Jena sogar noch ein achtes Wunder — den Pfennigsee, doch heute weiß niemand mehr, wo er lag, und das ist auch gut so! An diesem klaren Gewässer in einem vom Wald umwachsenen Talkessel lebte einst eine junge Frau, die aus Kräutern und Beeren vielerlei Heilmittel zu mischen verstand. Diese Säfte, Tees und Salben verkaufte sie an Bedürftige, nahm aber von jedem Kunden nur einen Pfennig. Eines Tages erschienen in der Hütte am See zwei Kerle und holten die Frau zu ihrem Herrn, der todkrank darnieder lag. Dieser Grobian befahl, ihn sofort gesund zu machen, doch die Frau konnte dem Verpesteten nicht helfen. „Dann sollst du vor mir sterben", ächzte er, und die Leibwächter schleppten die Frau zum See, warfen sie hinein, sorgten dafür, daß sie ertrank.

Fortan mied man das schöne Gewässer, bis eine alte, lahme, unwissende Frau herbeikam, um sich einen Heiltrunk zu gönnen. Als sie die Hütte leer vorfand, rief sie ihren Wunsch hinein. Da tönte es vom See herüber: „Wirf einen Pfennig zu mir ins Wasser, und der Trunk ist dein!" Wie gesagt, so geschehen.

Diese wundersame Kunde sprach sich in Jena herum, und die Leute zogen herbei, suchten Hilfe und Linderung für nur einen Pfennig. Doch dann wurden die Bitten zu unverschämten Forderungen. Da verschwand der See, mit ihm alle Pfennige auf seinem Grund und der Kräuterfrau nasses Grab.

# Die Mördergrube inmitten der Rhön

Diese Sage sollte nur lesen, wer starke Nerven hat und wem Grausamkeiten nichts ausmachen, wer gut schläft und wem kaum böse Träume begegnen! Immerhin hat aber der Volksmund auch diese Geschichte weitergesagt...

Irgendwo im Dietrichsberg bei Völkershausen wohnte in einem prächtigen Schloß ein wunderschöner, aber unmenschlicher Ritter. Viermal war er verheiratet gewesen, denn andauernd starben die Ehefrauen kurz nach der Hochzeit. Trotz dieser Unheimlichkeit hatte der Herr ein anziehendes Wesen, war nicht nur schön, vornehm und stark, sondern natürlich auch reich. Andere Männer mußten sich lange mühen, bis sie ein Weib für sich einnehmen konnten, dem Ritter flogen jede Woche zehn Jungfern zu, wenn er sie nur gewollt hätte. Sie standen sozusagen fast Schlange vor seiner Zugbrücke. Eben erst hatte der Burgherr seine Augen auf die bildschönen Töchter des reichen Müllers im Werratal geworfen, und flugs führte er die älteste auch schon auf sein Schloß als Gemahlin heim. Nach stürmischer Liebe folgte bald eine Ernüchterung, denn der Ritter mußte auf Dienstreise. Er überreichte seiner Frau das Schlüsselbund, hatte natürlich den Schlüssel für den

Keuschheitsgürtel in seinen Brustbeutel gesteckt, nachdem er Kunigunde das Gerät angelegt hatte. Er schärfte ihr ein, erstens treu zu sein und zweitens nicht in das Hinterzimmer zu gehen, zu dem der kleine Schlüssel da passe. Er überreichte ihr noch ein prächtiges goldenes Ei, das sie unbefleckt aufbewahren solle.

Der Herr ritt davon. Wenig später vergnügte sich die Frau schon mit dem gräflichen Schmied, der einen Haken gebogen und gedengelt hatte, der fast jedes Schloß öffnen konnte. Der Mann hieß übrigens Dietrich, wie der nützliche Allesöffner, den er erfunden hatte — doch das nur nebenbei.

Eines Tages wurde Kunigunde von einer erneuten Untugend überfallen: der Neugier. Sie näherte sich dem Hinterzimmer, vor dessen Tür ein an einem Seidenfaden angebundener prächtiger Schwan Wache hielt. Das kluge Tier warnte die junge Frau, doch schon hatte diese die verbotene Tür geöffnet und stand entsetzt und totenbleich in einem schauerlichen Gemach. Vor sich erblickte sie einen großen Kessel, in dem Menschenblut wallte, daneben staken auf Spießen die bluttriefenden Köpfe aller Ehefrauen und sonstigen Bräute des Ritters vom Dietrichsberg! Auch hatte der Unmensch manch anderes weibliche Edelteil in mit Branntwein gefüllte Gläser eingelegt, um sich offenbar in Erinnerungen schwelgend daran zu ergötzen ...

Kunigunde war erstarrt, dann wurde ihr übel, sah sie doch, was dieser Teufel in Menschengestalt getan hatte, der ihr Gemahl war. Ungeübt in solch ernsten Lebensdingen (hatte die Obrigkeit ihr doch wie dem anderen gemeinen Volk vorgegaukelt, in einer friedlichen Menschengemeinschaft zu leben, die fast frei von Grausamkeiten und Verbrechen sei) wußte sie nun gar nicht, was sie tun sollte. In ihrer Angst ließ Kunigunde auch noch das goldene Ei fallen und schon war es vom Blute befleckt. Alle Versuche, die Spuren zu tilgen, mißlangen. Da nahte auch schon der Ritter, trat ein und entdeckte die Gürtellosigkeit seiner Frau und sah natürlich auch das Blut am Goldei. Furchtbare Wut donnerte durchs Gemach, und der Ritter schleifte seine Frau am güldenen Haar in jenes Schreckenszimmer, wo er ihr über dem Kessel den Kopf abschlug und auf den nächsten freien Spieß steckte. Es dauerte nicht lange, und der Ritter freite die zweite Müllerstochter (die Kunigunde sei

42

plötzlich verstorben, hatte er dem Mahlermeister vorgeheult).

Der zweiten Schwester erging es genauso: Dienstreise, Keuschheitsgürtel, Dietrich, Schlüssel, Ei, Schwan, Schreckenskammer, Gemahls Rückkehr, Kopf ab ...

Nun wurde die jüngste Müllerstochter geheiratet, auch bei ihr verlief fast alles wie gehabt, nur war sie keusch und auch noch klug, barg das Ei im Sacktüchlein, und als sie vor den Köpfen ihrer Schwestern und anderen Vorgängerinnen stand, bewahrheiteten sich ihre Vermutungen. Sie steckte die schwesterlichen Häupter flugs in einen Sack und verbarg sie in der Kutsche.

Als der Ritter zurückkehrte, war er zufrieden mit dem lücken- und fleckenlosen Weib und willigte ein, doch gleich einmal den lieben Schwiegervater zu besuchen. Nach kurzer Kutschfahrt war man in der Mühle versammelt. Als alle bei Tische saßen, die Klöße dampften und der knusprige Gänsebraten zerlegt war, erzählte das Mädchen vom Schicksal der vielen Frauen in der Schreckenskammer und holte zum Beweise die Köpfe ihrer Schwestern aus dem Sack und legte sie ihrem Mann auf den Teller. Der Ritter erschrak und floh auf seine Burg hinauf und hinein in die Mördergrube, wo er sich sicher wähnte. Doch dort erwartete ihn der Schwan, der ihm mit dem Schnabel die Augen aushackte, die Ohren abbiß, die Nase herausdrehte und sein unheilvolles Glied aus dem Leib zog. Schließlich schmiß er den halben Ritter in den Kessel, wo er jämmerlich im Blute all seiner Frauen ersoff.

# Die kluge Katrin und die tapfere Katharina

Auf einem kleinen Bergbauernhof lebte einst Katrin, die alles ihr eigen nannte, was man sich wünscht von einer jungen Frau: sie war Jungfrau, schön, klug, edel, freundlich und auch nicht arm. Ihre Familie war durch die letzte Pest hinweggerafft worden, und so bearbeitete Katrin allein mit einem alten Knecht das winzige Gut. Die junge Bäuerin wurde wohlgeachtet von den Nachbarn, und so mancher Jüngling malte sich aus, sie als Ehefrau heimzuführen oder bei ihr einzuheiraten. Eine düstere Wolke hing leider ständig über dem idyllischen Städtchen und den umliegenden Gehöften, denn über allem thronte die Burg der Wespensteiner, einer Sippe, die sich da eingenistet hatte und die über Land und Leute, Tiere und Gewächse gebot, Wegezoll erhob und allerlei Abgaben verlangte. Baß erstaunt war der oberste Herr dieses winzigen Staates inmitten Thüringens, als ihm neuerdings öfters etwas verwehrt wurde und das noch dazu von einer „jungschen Bauerndirne". Katrin sah nämlich gar nicht ein, so zu hüpfen, wie der alte Wespensteiner es befahl.

So stieg der Landesfürst eines Tages herab und guckte sich die aufmüpfige Untertanin an, aber sogleich war auch er (ein älterer Witwer) von Katrins Wesen verzückt und machte ihr das Angebot, sie solle doch auf seine Burg ziehen, als Gespielin böte er ihr goldene Spangen und Ketten, seidene Gewänder und alle Tage Gesottenes und Gekeltertes, auch brauche sie kein Fingerchen mehr krumm zu machen, es sei denn, sie kraule ihm den Bart und so. Katrin aber lachte den alten Bock aus und meinte, sie wolle nicht eingesperrt sein in diese dräuende Burg, sie brauche Wald, Wiese und frische Luft, außerdem stehe ihr nicht der Sinn danach, eine Buhldirne zu sein. Wenn sie schon einem Mann gehören solle, dann einem jungen, der ihr gefiele! Dabei blitzte sie ihr Gegenüber mit stolzen Augen an, so daß der Ritter wie eine Jammergestalt vor ihr stand. Doch nicht lange, da hatte er die unerwartete Abfuhr hinuntergeschluckt und antwortete freundlich: „Mein Kind, du wirst dich meinem Willen fügen müssen, oder du sollst als Hexe brennen!" Katrin verschlug es nun die Sprache, sie wußte, wenn es der Wespensteiner wollte, würde sie auf dem Scheiterhaufen landen. Was war zu tun? Schande oder Tod! Doch da zeigte sich, daß sie ja die kluge Katrin nicht umsonst geheißen ward, gar demütig näherte sie sich dem Alten und bat, er solle sie doch noch so lange auf ihrem Hof belassen, bis sie die Ernte ihrer Äcker eingebracht habe, für morgen schon habe sie nämlich die Aussaat vorbereitet, dann verstriche nur noch ein Sommer und im Herbst wäre sie dann frei und könne umziehen. Der Verliebte wollte sich von seiner besten Seite zeigen und auch noch ein bißchen in Vorfreude schwelgen, stimmte also zu; Katrin hatte ihren Knecht und den Knappen des Ritters vorweislich als Zeugen herbeigerufen, so daß alles rechtens beschlossen wurde.

Als der Sommer gegangen und der Herbst gekommen war, ritt der Burgherr hinab ins Tal, um seine Braut heimzuführen; unterwegs beäugte er Katrins Feld und stellte mit Erstaunen fest, daß keine Garbenpuppen darauf standen wie bei den anderen Landwirten, auch waren keine Stoppeln zu sehen, dafür lugten aus der Erde winzige, dunkelgrüne Spitzen hervor. Was hatte das zu bedeuten? Das war der Klugen also in der Not eingefallen und hatte sowohl ihr Leben wie ihre Ehre gerettet: Sie hatte Tannensamen ausgesät, und es würde viele Jahre dauern, bis die Schößlinge sich zu erwachsenen Weihnachtsbäumen gestreckt hätten, die man ernten konnte. Vor Wut belferte der Ritter auf Katrins Hof herum, doch der Eid war vor des Knechtes und des Knappen Ohren einst geschworen worden, und so

46

blieb dem alten Wespensteiner nichts weiter übrig, als fluchend zu seiner Burg zurückzuschreiten. Die kluge Katrin lebte fortan unbehelligt in ihrer Hütte, um die langsam ein Tannenwald wuchs. Und bald nahm sie einen jungen Bauern zum Manne und lebte mit ihm zufrieden als fleißiges Bergbauernpaar. Und übers Jahr spielte schon beider erstes Kind zwischen den sprießenden Tannen.

Thüringens Frauen waren schon immer meist kluge und mutige Geschöpfe, das sagt man auch Katharina von Schwarzburg nach, die als verwitwete Fürstgräfin vom Schlosse Rudolstadt aus regierte. Der Dreißigjährige Krieg machte auch darum keinen Bogen, und eines Tages nahte der blutgierige Herzog Alba mit seinen räuberischen Scharen. Gleich lud er sich bei Katharina zum Frühstück ein, und während er tafelte, plünderten seine Soldaten die Stadt aus. Katharina erfuhr umgehend davon und verlangte Einhalt, Achtung der Gastfreundschaft, doch Alba lachte nur: „Krieg ist Krieg, schöne Frau!" Da öffnete die Gräfin alle Türen des Heidecksburger Spiegelsaales, und die Frühmahlgesellschaft erblaßte, denn Waffen starrten herein. „Wenn ihr nicht Frieden wollt, Alba", so sagt die tapfere Katharina, „hört meine Antwort: Fürstenblut für Ochsenblut!" Das wirkte, ohne viel Federlesen zog sich der Herzog mit seinen Horden zurück, freilich, nicht viel weiter frevelten sie erneut.

## Tatort Thüringen und Ludwig der Springer

Heute vor tausend Jahren machte sich in Thüringen ein neues Herrengeschlecht breit, dessen Haupt Ludwig der Bärtige war, er stammte aus der Familie des fränkischen Königs Karl. Mit zwölf Rittern kam Ludwig über die Werra gezogen und gründete sogleich einige Ortschaften, darunter Friedrichroda und Finsterbergen, baute mit Kaisers Erlaubnis die Schauenburg. 1040 heiratete Ludwig der Bärtige Cäcilie von Sangerhausen, die zwei Jahre später einen kleinen Ludwig gebar. Doch lange ergötzte sich der Bärtige nicht an den Vaterfreuden, alsbald verschied er, und der hoffnungsvolle Nachwuchs Ludwig erbte sozusagen mit der Muttermilch auch gleich noch Papas Burgen und Ländereien.

Als sein Flaum zum stattlichen Barte gesprossen war, heiratete er eine Tochter des Herzogs Ulrich von Sachsen. Die Ehe währte aber nur kurze Zeit, denn die junge Frau war hochmütig und ließ außerdem ihren Mann selten in ihre Kemenate. Kurzerhand schickte Ludwig dieses Weib nach Sachsen zurück, wo es bald verstarb. Zu jener Zeit wohnte Graf Friedrich, Pfalzgraf zu Sachsen, im Osterland auf der Weißenburg an der Unstrut. Er wähnte sich glücklich verheiratet mit der jungen Adelheid. Schon damals war nichts auf der Welt vollkommen, Adelheid besaß zwar Geist und Humor und bot ob der Schönheit ihrer Gestalt eine wahre Augenweide, doch brachte sie ihrem Friedrich keine Kinder zur Welt, so sehr sich beide Eheleute hoch droben auf der Burg auch wacker bemühten. Soviel Schönheit soll nicht nur einem gehören, dachte Nachbar Ludwig II. von Thüringen und buhlte mit der schönen Heidi, die diese Heimlichkeit auch gern mitmachte. Der Keuschheitsgürtel hing ohnehin seit längerem im Schrank, weil Friedrich den Schlüssel verbummelt hatte und auch nicht ahnte, daß Nachbar Ludwig drauf und dran war, mit seiner Lanze in das Allerheiligste seines Weibes einzudringen. Neben dem Guten und Schönen wohnen oft dichtbei auch das Böse und Häßliche, so war es auch bei Adelheid. Eines Nachts, als sie Ludwig wieder einmal empfangen hatte, schlug sie diesem vor, den Pfalzgrafen und Angetrauten zu töten, damit man endlich ein Ehepaar werden und auch beider Besitztum vereinen könne. Betört von der Liebe zu der schönen Frau und erpicht darauf, womöglich schon bald der Mächtigste in Thüringen sein zu können, stimmte Ludwig zu. Und Heidi wußte auch schon eine unverdächtige Möglichkeit, die sie ihrem Buhlen ins Ohr flötete.

Wenige Tage später veranstaltete Freier Ludwig gleich neben Friedrichs Schloß eine wilde Jagd, derweil der ahnungslose Pfalzgraf im Badebottich saß. Da stürzte seine Frau Adelheid herein und feuerte ihn an: „Du pflegst deinen Körper, seifst Bauch und Schlauch, unterdessen verlierst du draußen dein Recht und deine Hoheit! Willst du nicht die Unholde von unserem Schloßtor verjagen und bestrafen?" Ludwig war außer sich, nackt wie er war, sprang er aus der Wanne und auf seinen Hengst und preschte ohne Waffe dem Frevler nach. Darauf hatte der provokante Ludwig natürlich nur gewartet, und als der scheltende Pfalzgraf heran war, streckte er diesen lässig mit seinem Jagdspieß nieder, so daß es wie ein Unfall aussah. Groß war die Klage um Friedrichs Tod, sein Weib Adelheid heulte am lautesten bis zu dem Tag nach Jahresfrist, an dem sie Ludwig heiratete.

Doch die Familie Friedrichs fand sich mit der Freveltat nicht ab und klagte Ludwig beim Kaiser an, der den vermeintlichen Mörder erstmal gefangennehmen und auf der Burg Giebichenstein einkerkern ließ, damit er bald die Todesstrafe empfangen sollte. Mit solchen aufrührerischen, hinterhältigen Elementen wurde kurzer Prozeß gemacht im Saaletal. Der

50

Gefangene wußte das natürlich und sann nach Fluchtmöglichkeiten. Und als eines Tages der kräftige Sturm um die Kerkermauern blies, sprang Ludwig aus dem Fenster des Bergfrieds, breitete seinen Mantel weit aus und segelte gemütlich hinab ins Tal, wo er wohlbehalten in der Saale landete. Ein Fischer rettete ihn aus dem zwar klaren, aber recht kühlen Wasser. Flugs floh Ludwig II. hinein nach Thüringen, bald sprach sich seine Kühnheit herum, und fortan ward er „Ludwig der Springer" geheißen.

Manch andere Tat sagte man ihm noch nach: So drängte es den Machtbesessenen nach Erweiterung von Stand und Besitz. Eines Tages jagte er bei Eisenach und erblickte einen herrlichen Hügel. Ludwig betrachtete die schöne Landschaft und sagte mehr zu sich selbst: „Wart, Berg, du sollst mir eine Burg werden!" Aber das Land gehörte den Herren von Frankenstein, doch Ludwig erreichte mit List und Frechheit, daß er sogar mit Kaisers Einverständnis bauen durfte; solche Schuftereien waren damals möglich ...

Wie auch immer — die schöne Wartburg krönt seitdem das Thüringer Land.

## Der Eiserne Landgraf

War Ludwig der Springer ein Draufgänger und Wagehals, so entpuppte sich ein halbes Jahrhundert später dessen Enkel als Träumer weichen Gemüts, das einzige, was er von seinem Vorfahren geerbt hatte, war der Vorname und daß er nun wohl oder übel als Thüringer Landgraf regieren mußte. Doch wie er das tat, brachte wenig Erfreuliches fürs Volk, denn die Adligen nutzten die Schwächen des Weichlings aus, vergrößerten ihre Rechte, machten sich überall breit und knechteten die Bauern und Handwerker gar sehr. Ganz Thüringen stöhnte unter dem harten Mutwillen der Ritter, die einfachen Leute waren von ihrem Landesherrn enttäuscht, nannten ihn eine Memme und einen Toren und verwünschten ihn. Spielte er nicht Klampfe oder harfte sich ein Ständchen, dichtete er gerade keine Verse oder malte Bilder, vertrieb sich der sanftmütige Ludwig die Zeit auf dem Pferderücken beim Durchstreifen der Wälder.

Eines Abends hatte er sich bei Ruhla im dichten Tann verirrt, und als die Nacht hereinfiel, war er froh, eine Waldschmiede gefunden zu haben, wo er um ein Nachtlager bat. Dem Schmied erzählte Ludwig, er sei ein Jäger des Landgrafen. Als der Alte das hörte, schimpfte

53

er arg über den unfähigen Landesherrn, der sich nicht für sein Volk einsetzte. Ludwig zog sich stumm auf das Stroh im Verschlag zurück, während der Schmied sich wieder an die Arbeit machte.

Bei jedem Hammerschlag auf das glühende Eisen fluchte der Alte: „Schmählicher, unseliger Herr, das Volk darbt, die Edlen mästen sich, verprassen, was wir schaffen! Und du schaust zu! Landgraf, werde hart! Hart wie dieses Eisen! Werde hart, Landgraf, werde hart!" Alle Freveltaten zählte der Schmied auf, und Ludwig lag wach im Schuppen, und es dröhnte ihm in den Ohren, es klopfte an seinen Verstand. Am Morgen ritt ein anderer Ludwig geläutert von dannen. Fortan kümmerte er sich um alles, was in Thüringen geschah, sah überall nach dem Rechten und bestrafte die Bösen und Halsabschneider. Natürlich murrte die Ritterschaft und trachtete dem nun unbequemen Ludwig nach dem Leben. Der Landgraf kam ihnen jedoch zuvor, befahl eines frühen Morgens alle Ritter auf einen großen Acker und spannte sie, bis aufs Büßerhemd entkleidet, vor die Pflüge — immer vier Ritter mußten eine Furche ziehen, Ludwig ging nebenher mit der Peitsche. Das war zwar nicht die feine thüringische Art, doch sie rettete ihm das Leben und ließ im Lande wieder Ordnung, Zucht und Sitte einziehen. Das Volk stand zu Ludwig. Fortan trug er allerdings nur noch eine gepanzerte Rüstung und wurde auch äußerlich seinem neuen Namen gerecht, denn man nannte ihn nur noch den Eisernen Landgrafen.

# Der Sängerkrieg auf der Wartburg

Mild und fromm war Hermann, der Sohn des Eisernen Landgrafen. Auch er liebte wie sein Erzeuger den Gesang und die Dichtkunst. Wen wundert es, daß sich alsbald Sänger und Poeten an Hermanns Hofe einfanden. Im Jahre 1207 gaben sich gleich sechs Meistersinger auf der Wartburg die Ehre: Der bedeutendste war Wolfram von Eschenbach, kaum nach stand ihm Walther von der Vogelweide, schließlich war Reinmar von Zweten herbeigeeilt, während Heinrich der Schreiber und der schlichte Biterolf zu den Bediensteten bei Hofe sowieso gehörten und ständig für Unterhaltung zu sorgen hatten. Letztenendes kam der Österreicher Heinrich von Ofterdingen hinzu, der Hermanns Frau, die Sophia, heimlich verehrte.

Poetische Wettstreite wurden damals oft und gern veranstaltet. Der Stoff, aus dem diesmal Lieder werden sollten, hieß schlicht „Lob den edlen und freigiebigen Fürsten". Das Landgrafenpaar und der große Hofstaat hatten sich versammelt, um zu hören und zu sehen und zu beschließen, wer den Sieg erränge. Nacheinander schallten die Stimmen durch die steinernen Hallen, und die Lobgesänge auf den Thüringer Landgrafen hallten von allen

56

Mauern wider. Nur Heinrich von Ofterdingen stimmte andere Töne an und pries seinen Erzherzog Leopold von Österreich.

So gab es Anlaß und Stoff zum Streite genug, und die Lobhudeleien steigerten sich, aus den Wort- und Tongefechten entwickelten sich leider bald Zwist und Hader; ein Sieger war nicht zu erkennen, die erhitzten Zuschauer forderten schließlich ein Ende, damit der Scharfrichter dem Verlierer endlich den Kopf abschlagen konnte. Die fünf Deutschen sangen unter Aufbietung aller Kraft und Kunst gegen Heinrich an, doch dieser strahlte dank seiner Begabung erfolgreich dagegen ... Schließlich konnte er der Übermacht des Quintetts nicht mehr widerstehen, es versagte dem Solist von der Donau die Stimme. Schon wurde das Beil gewetzt. Da rief Heinrich: „Ich beuge mich nur dem Urteil des allgerechten Meisters Klingsor aus Ungarn, der soll bezeugen, daß ich wahr über Leopold sang!"

In seiner Angst vorm Schafott rief Heinrich auch noch gleich den Schutz der Landgräfin an, die ihn auch flugs unter ihren Mantel nahm — da wollte der Sänger eigentlich schon immer mal hin, allerdings unter anderen Umständen. Sophia setzte durch, daß der weise, unbestechliche Meister Klingsor innerhalb eines Jahres herbeigeholt werden sollte. Sogleich machte sich Heinrich selbst auf den Weg. Nach allerlei Wirren tauchten die beiden auch wirklich genau 365 Tage später in Eisenach auf und trafen sich mit den anderen fünf Sängern beim Landgrafenpaar. Dem Ungar gelang es, die Sängerkrieger zu versöhnen und beim Festmahl im Ritterhaus zu einem Meistersängersextett zu vereinen.

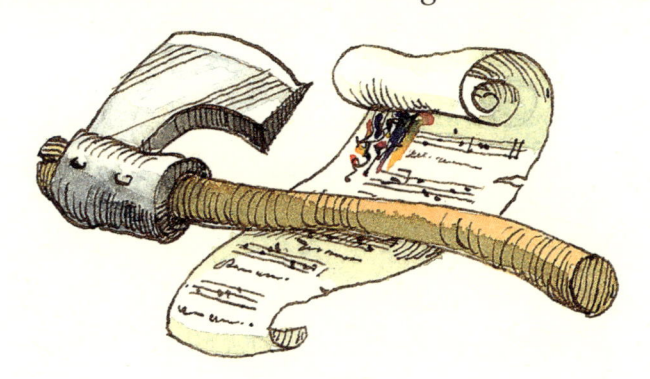

## Die heilige Elisabeth

Landgraf Hermann und Frau Sophia hatten ihren Sohn Ludwig genannt und beschlossen, als dieser elf Jahre alt war, ihn zu verheiraten. Elisabeth, die ungarische Prinzessin, hatte eben ihr viertes Lebensjahr vollendet, da war sie auch schon zur Braut erkoren, um ins thüringische Landgrafengeschlecht einzuheiraten. Flugs begab sich also eine Abordnung zum ungarischen Königshof und holte nach entsprechender Werbung Klein-Elisabeth nach Thüringen, wo sie alsbald mit reichem Brautschatz auf der Wartburg Einzug hielt. Der Landgraf sorgte für eine gute Erziehung, und das Kind aus Ungarn wurde der Liebling der Thüringer, entwickelte sich zum frommen, hilfsbereiten Mädchen, war aber auch oft sehr ernst und bescheiden. Das wiederum paßte einigen Rittern nicht, und sie hänselten die Kleine.

Obwohl Ludwig inzwischen Regent von Thüringen geworden war, konnte er sich noch nicht vermählen, da Elisabeth erst zwölf Jahre zählte. Hatten die beiden bisher wie Bruder und Schwester zusammengelebt, erwachte doch nun allmählich eine andere Liebe in ihnen. Zwar forderten auch Stimmen, Ludwig solle sich endlich und anderweitig standesgemäß

vermählen, doch für ihn gab es nur eine Künftige, das war die wunderschöne Ungarin. Gleich nach deren vierzehntem Geburtstag fand auf der Wartburg die Hochzeit statt, und in der innigen Liebe erblühte Lieschen zu einer prächtigen Blume. Das gute Wesen kümmerte sich viel um das Volk. Leider war inzwischen eine schreckliche Hungersnot ausgebrochen, und sofort verstärkte Elisabeth ihre Almosen und brachte den Leuten Brot. Ihre Neider bekamen das mit und hetzten bei Ludwig, seine Frau verschwende Gut und Geld. Das wollte er allerdings nicht, und als Elisabeth wieder einmal mit einem großen Korb Lebensmitteln nach Eisenach hinunterging, trat er ihr in den Weg und frug: „Was trägst du da?" Erschrocken antwortete Elisabeth: „Ach, schöne Blumen!" „Ich will sie sehen – zeig' sie her", erwiderte der Landgraf und hob den Deckel. Und siehe da, der Korb war voller roter Rosen. Beschämt ließ der Graf seine Frau ziehen und hörte nicht mehr auf die Flüstereien der Mißgünstigen. Elisabeth nahm sich auch Kranker und Gebrechlicher an, erzog Waisen neben ihren eigenen Kindern. Leider hatte sich der Landgraf dem Ritterruf der Zeit folgend aufgemacht und war mit den Kreuzzugfahrern in den Krieg gezogen, wo er prompt jämmerlich umkam. Für Elisabeth begann eine bittere Zeit, ihr Schwager Heinrich Raspe wurde Regent, und dieser Bösewicht vertrieb alsbald die ihm unbequeme Elisabeth.
An einem Tage des Winters 1227 auf 1228 mußte die erniedrigte Frau samt ihrer drei Kinder die Wartburg verlassen. In Eisenach lebte sie nun fast wie eine Bettlerin im Obdachlosenasyl. Eines Tages kamen die treuen Gefährten Ludwigs vom Kreuzzug zurück und betteten dessen Gebeine in heimatliche Erde. Als sie von der Freveltat Raspes erfuhren, stellten sie sich hinter Elisabeth und erzwangen die Herausgabe des ihr zustehenden üppigen Witwenteils. Damit zog Elisabeth von Thüringen fort nach Marburg, wo sie von ihrer Mitgift ein Armenhaus und Hospital gründete. Doch auch hier erging es der jungen Frau nicht gut, denn ihr Beichtvater Konrad von Marburg, bei dem sie untergekommen war, forderte ein asketisches Leben voller Selbstgeißelungen, damit sie das ewige Seelenheil gewänne. Je demütiger und aufopferungsvoller Elisabeth aber lebte, desto hochfahrender verhielt sich der angebliche Wohltäter und hatte seine Lust daran, das arme Geschöpf seelisch und körperlich zu peinigen. Vergeblich hatte Elisabeths Vater sie nach Ungarn zurückgebeten,

60

aber dazu reichte ihre Kraft nicht mehr. Am 19. November 1231 starb sie im Alter von erst 24 Jahren; der Papst hörte von ihren Wohltaten und sprach sie heilig.
Doch die heilige Elisabeth kam nicht zur Ruhe, denn fanatische Gläubige spielten ihrem auf Erden verbliebenen Leib arg mit. Es entspann sich ein Kult um ihre Gebeine und anderen Hinterlassenschaften; für Wunderheilungen aller Art nahm man sogar dies alles aus dem Sarg heraus! So heißt es, daß die Brüder des deutschen Ordens Elisabeths Schädel in Öl ausschwitzen ließen und die Tropfen davon als wundertätiges Mittel verkauften. Becher, Löffel, Gürtel und Taschen Elisabeths wurden alljährlich zu Pfingsten in feierlicher Prozession von der Wartburg zur Klosterkirche getragen. Fürstinnen aller Art ließen sich diese Gegenstände reihum bringen, um sie während ihrer Schwangerschaften bei sich und damit Gewähr für eine gute Niederkunft zu haben. Die Gemahlin des Herzogs Wilhelm von Weimar gar habe aus Dankbarkeit für die glückliche, schnelle Geburt ihres Kindes den Schädel Elisabeths mit viel Wein füllen lassen und den so geheiligten Trunk dann daraus verteilt. Alles Gegenständliche, was von der heiligen Elisabeth einst verblieben war, ist im Laufe der Zeit durch der Menschen Unverstand und Übereifer verschwunden, doch die Erinnerung an die gute Frau bleibt über Thüringens Grenzen hinaus.

## Das Liebesnest von Venus und Tannhäuser

Zwischen Eisenach und Gotha erhebt sich der Hörselberg, in dem außer den Gestalten des wilden Heeres auch Frau Venus wohnt. Eines Tages näherte sich der edle Ritter Tannhäuser, der zur Wartburg unterwegs war. Die Abendsonne wollte bald untergehen, und Tannhäuser beschloß, eine Herberge zu suchen. Da sah er am Fuße des zauberhaften Hörselberges eine Frau stehen. Sie war wunderschön und sehr leicht bekleidet. Das Gegenlicht zeichnete ein aufregendes Bild und verriet mehr als das Gewand verbarg. Diese weiblichen Reize zogen den Ritter unwiderstehlich an. Fast vergingen ihm die Sinne, als die Edle ihn auch noch zu sich winkte und in ihre Höhle einlud, aus der süße Lieder herausschallten.
Tannhäuser war der Frau Venus gerade recht gekommen, was er auch bald zu spüren bekam. Zwar schwieg bis heute des Sängers Höflichkeit über die Ehe ohne Trauschein, die die zwei Höhlenbewohner fortan führten, aber man weiß ja inzwischen so einiges ...
Venus führte Tannhäuser also weit hinein in den Schlund, verführte ihn, ließ sich verführen. Der Ritter entpuppte sich auch als fleißiger Höhlenforscher, und es begann für ihn eine

63

mehrfach schöpferische Zeit, hatte er doch als Alleinunterhalter häufig die Klampfe zu schlagen und dem Minnegesang zu frönen.

Ein Jahr lang schwelgte das Paar in heißer, sinnverwirrender Liebe und in inniger, sinnlicher Partnerschaft, befruchteten Weib und Mann sich gegenseitig. Doch allmählich ließen des wackeren Ritters Kräfte und Sinne nach, und selbst der Venus' Hügel verlor an Reiz. Tannhäuser trachtete nun danach, aus dem alltäglichen Liebesnest zu entfliehen. Anfangs wollte die immer noch blühende und glühende Liebesgöttin, als sie das merkte, nichts davon wissen, doch Tannhäuser schlaffte immer mehr ab, und so ließ ihn seine Gefährtin betrübt von dannen ziehen. Den edlen Ritter plagte aber das schlechte Gewissen, und schnurstracks pilgerte er nach Rom zu Papst Urban. Der gestrenge Mann war nicht bereit, dem beichtenden Ritter die Sünden zu vergeben. Er schwang seinen weißen Kreuzstab und rief: „So wenig dieser dürre Stab jemals wieder grünen wird, so wenig erlangst du Gnade!" Das erschütterte Tannhäuser bis ins Mark, und er zog betrübt zurück gen Thüringen. Nur noch traurige Lieder stimmte er an, wollte aus der Welt scheiden, doch da entsann er sich des Ursprungs seines Unglücks, und er überlegte sich, daß das doch eigentlich ein Glück sei — er, der Mann der Venus! Der Ritter eilte zum Hörselberg zurück und schlüpfte wieder hinein in die Grotte der Venus, und die Liebesleute erfuhren nicht, daß plötzlich der Stab des Papstes zu grünen angefangen hatte.

# Die Veste Wachsenburg – Vom Raubnest zur gastlichen Stätte

Sinhundert Städte und Dörfer soll man vom Turm der Wachsenburg bei Arnstadt rundum im Thüringer Land erblicken können. Die meisten gab es noch nicht, als der Abt von Hersfeld im 10. Jahrhundert hoch droben auf dem Wassenberg anfing, eine Burg bauen zu lassen. Im Tal lagen allerdings schon Arnstadt und Mühlberg; die im Jahre 704 in einer Schenkungsurkunde erwähnten Orte zählen zu den ältesten deutschen Siedlungen. Damals also halfen die Einwohner tatkräftig beim Bau der später Veste Wachsenburg genannten Festung mit, diente sie doch ihrem Schutz wie dem der umliegenden Klostergüter.

Lange Zeit war die Burg mit bewaffneten Mönchen besetzt, doch im 15. Jahrhundert mußten die armen Gottesknechte das Anwesen verpfänden, und in den Wirren des Thüringer Bruderkrieges von 1446 bis 1451 machte sich ein Ritter namens Apel von Vitzthum hier breit: ein Raufbold und Räuber übelster Sorte, der seinem Schreckenstitel „Brandmeister von Thüringen" voll gerecht wurde.

Die Handelsstraße entlang von Erfurt zum Rheinland, sozusagen vor der Haustür, plün-

66

derte er Kaufleute und Reisende aus, mordete Bauern, die ihm nicht willfährig waren, brandschatzte ihre Gehöfte und Felder. Doch eines Tages besinnen sich die gedemütigten Opfer aus der näheren und weiteren Umgebung ihrer vereinten Kraft, und von Erfurt, Mühlhausen und sogar Nordhausen sowie von Westen und Süden ziehen sie heran und belagern das verhaßte Raubnest vier Wochen lang; man schreibt 1451. Die Geschosse und Kugeln pfeifen um die Wachsenburg, schlagen ein, prallen ab, und Apel von Vitzthum bekommt langsam einen trockenen Hals und kalte Füße. Doch die starken Mauern der trutzigen Wachsenburg widerstehen. Da ziehen 40 Kumpel aus dem Mansfelder Kupferbergbau herbei und treiben einen 200 Meter langen Stollen im Berg voran und nach oben, so daß schließlich die Schildmauer teilweise einstürzt. Während Burghauptmann Kersten von Hayn und seine 26 Raubritterkumpane die Waffen strecken und sich ergeben müssen, entkommt Unhold Apel unerkannt hinab ins Tal. Nun häufig auf der Flucht, treibt er weiter sein Unwesen, als wäre er zum Schlechtsein und Menschenhaß geboren. Noch nach über 20 Jahren hegt er Rachepläne und krönt seinen Lebenslauf mit einer erneuten Missegroßtat: Am 19. Juni 1472 läßt er die Stadt Erfurt an mehreren Stellen anzünden und ergötzt sich an dem Brandsturm, der zehntausend Menschen — die Hälfte aller Einwohner — obdachlos macht. Heute brennt es auf der Wachsenburg auch manchmal — unterm Bratwurstrost!

Thüringer Gastlichkeit ist auf der Veste eingezogen, wo heute ein gern besuchtes Hotel zu Diensten ist. Im Innern der Burg oder auf Hof und Balkon kann man es sich in den Gaststätten bequem machen. Dienstbare Geister sorgen für angenehmen Aufenthalt in den schönen, alten, aber auch neuzeitlichen Galt räumen. Natürlich werden aus Küche und tiefen Kellern vornehmlich — wie vielerorts dieser Region — Thüringer Spezialitäten angeboten. Und senkt sich der Abend, man bei einem mundenden Tropfen zusammensitzt, macht dann mit dieser oder jener Bemerkung auch die Geschichte vom sagenhaften zweibeweibten Grafen Ludwig von Gleichen, jene vom Kugelblitz oder manch andere vom Volke immer wieder und gern erzählte Uraltbegebenheit die Runde. Da wird immer mal wieder etwas weggelassen, anders geplaudert, dazugesponnen — auch diese vorliegende kleine

Sammlung Thüringer Sagen ist nicht frei davon. Und schließlich geht der Blick über die Mauern hinweg, schweift ins Thüringer Land, wo rund 3000 solcher Burgen und Schlösser wie die Gleichen, ob erhalten oder als Ruine, bis heute alle Wirren der Zeit überstanden haben. Sie widerstanden dem Wirken der Natur, den Taten und Untaten der Menschen und locken nach wie vor viele Wanderlustige zu Fuß oder auf Rädern an — ins grüne Herz Deutschlands: Thüringen.

Möge noch lange auch dieser schöne Teil unserer Heimat friedlich erhalten bleiben, damit ewig der Thüringer Sagenschatz weitererzählt wird. Ludwig Bechstein, der Sagen- und Märchenerzähler, schrieb angesichts der Landschaft rund um die drei Gleichen:

„Hier liegt vom Buche Thüringens eine der herrlichsten Stellen vor uns aufgeschlagen..."

# Historische Gaststätten und ein Blick in Töpfe und Krüge

Liest man diese Thüringer Sagen, bemerkt man, daß oft auch leibliche Genüsse in den Geschichten eine Rolle spielen; begibt man sich gar auf die Spuren des Geschilderten, so findet man heute nicht nur noch allerlei Orte vor, an denen die sagenhaften Taten und Untaten geschahen, man spürt auch bald, daß der knurrende Magen und die lechzende Zunge keine guten Wegbegleiter sind. Ohne Anspruch auf Vollständigkeit und absolute Verläßlichkeit sei nun als Nachtisch eine kleine Speise-Reise durch Thüringens alte Gastronomie aufgetischt.

## Turmschänke Eisenach

Als die Sängerkrieger in Eisenach einzogen, machten sie vielleicht dort Rast, wo man auch heute noch einkehren kann! Im Jahre 1165 wurde nämlich der Nikolaiturm erbaut und ist nun das älteste noch erhaltene Stadttor Thüringens, von jeher natürlich mit Ausschank!

## Ratskeller Gera

Ob das Loch im Gebälk noch vorhanden ist, in dem sich die Pest versteckt hatte, um eines Tages die beiden Handwerksburschen doch noch zu überfallen? Man sehe selber nach im Ratskeller der „Gerschen Fettguschen". Die erste Nachricht über diese Gaststätte ist 1487 vermerkt. 1573 befaßten sich die durstigen Stadtväter mit den Räumen zu ihren Füßen und verfügten: „Eyne bequeme Trinckstube, winterzeit vor die Bürger dorinne zu zechen, ist einzurichten."

## Gasthaus zum weißen Schwan Weimar

1826 schrieb der vielseitige Goethe: „Das Stübchen im Schwan bleibt..." und meinte damit sein Stammlokal schräg gegenüber seiner Wohnung am Frauenplan. Und obwohl menschlicher Unverstand, Interessenlosigkeit und herrschaftliches Versagen und Unvermögen in den letzten Jahrzehnten dem Haus arg mitgespielt hatten, ist es nun dank großzügiger Hilfe auferstanden und beherbergt wieder eine der bedeutendsten historischen Gaststätten Europas.

Seit Mitte des 16. Jahrhunderts kann man hier einkehren, und viele große und kleine Leute taten dies — da dürften Sie, verehrter Leser, doch nicht fehlen! Schiller und Goethe hockten oft hinter den Butzenscheiben zusammen, 1827 schrieb Johann Wolfgang an seinen Freund Carl Friedrich Zelter nach Berlin: „Kannst Du Dich gegen Herbst einige Wochen losmachen, so wird es beiden heylsam sein; der weiße Schwan begrüßt Dich jederzeit mit offenen Flügeln." Und vollen Bechern, gut belegten Tellern ist zu vermuten . . .

### Das Loch und Hotel Anker Saalfeld

Schon 1484 konnte man unweit der späteren Feengrotten am Fuße des Thüringer Waldes vor Anker gehen — das „Hotel Anker" ist damit eine der urkundlich erwähnt ältesten Gaststätten Deutschlands. Bekannter wurde jedoch die benachbarte Kneipe „Das Loch" ob ihres Namens — einst Schmiede, dann um 1680 Bäckerei, schließlich Gaststätte. Es dauerte nicht lange, und die Zecher hatten die Backstube in ein schwarzverqualmtes, aber gemütliches Loch verwandelt.

Heute werden die Gäste gleich in mehreren Stockwerken auch in hellen Räumen empfangen.

Viele Tische und Stühle stehen noch in Thüringen auf historischem Boden und warten auf Gäste, hier sind weitere Beispiele:

„Zur hohen Lilie" (1540) am Erfurter Domplatz,
„Hotel Schwarzer Bär" (1498) in Jena, wo sich einst Luther versteckte,
„Zur Sonne" (1583) am Jenaer Markt mit Blick auf den Schnapphans,
„Zur Kanone", Tautenhain — historisches Gasthaus, das die Befreiungskriege gegen Napoleons Heer ebenso miterlebt hat wie die Restauration „Grüner Baum zur Nachtigall" in Cospeda. Drumherum tobte 1806 die berühmt gewordene Schlacht bei Jena. Ein Diorama und viele Gegenstände sind im Saal neben der Gaststätte zu besichtigen. Von gegenüberliegender Bergeshöhe grüßt der Fuchsturm (der Finger des Riesen, wie der aufmerksame Sagenleser weiß). Übrigens, auch am Fuße dieses Bergfrieds kann historisch getafelt werden wie noch auf vielen Burgen, in Gasthöfen, die im grünen Herzen Deutschlands einladen.

*„Wenn es in Thüringen mal raucht,*
*wird nicht die Feuerwehr gebraucht:*
*es liegt die Bratwurst auf der Glut,*
*und ihr Geruch ist fein und gut."*

So heißt es in einem volkstümlichen Gedicht, das einer der thüringischen Nationalspeisen gewidmet ist: **Thüringer Rostbratwurst.** Auf Holzkohlenglut wird die Wurst im dünnen Darm gegrillt, ins aufgeschnittene Brötchen gelegt, ein Streifen Senf kommt darüber und dann wird hineingebissen.

Aus mit Senf bestrichenen und mit Bier besprizten Schweinekammscheiben, die von Zwiebelwürfeln bedeckt sind, zaubert die Glut die ebenso begehrten **Rostbrätel** oder **Rostbrätchen.**

Viele Mäuler mußten einst mit wenig Zutaten gestopft werden, die thüringischen Hausfrauen waren dabei auch gute Resteverwerterinnen. Zwei Gerichte sind überliefert und auch heute noch als herzhaftes Essen beliebt: **Schnippelsuppe** besteht aus Kartoffeln, Kohlrabi, Möhren, Erbsen, Sellerie, die in Fleischbrühe mit Wurstresten gegart werden, geröstete Speck- und Zwiebelwürfel sowie Petersilie runden den Eintopf ab.

Gehaltvoller ist der **Topfbraten.** Abgekochte, gewürfelte Nieren, Herz, Leber, Bauchfleisch und Schweinebacken werden mit Zwiebelstückchen in Schmalz geschmort und mit Fleischbrühe aufgekocht. Gurkenwürfel und Essig runden den Geschmack säuerlich ab; vorzüglich schmecken dazu (wie zum Gänsebraten) **Thüringer Klöße,** eine volkstümliche Delikatesse aus gekochten, durchgedrückten und geriebenen, ausgepreßten Kartoffeln. Mehr sei nicht geschrieben, man muß die Klöße kosten, sich vom Koch die Zeremonie des Zubereitens, die viele Varianten kennt, erklären lassen ...

**Zwiebel- und Speckkuchen** sind Hefeteiggeschöpfe, die mit mehr oder weniger Würfeln von Zwiebeln und/oder Speck gebacken werden. Dazu ein Bier! Etwas Besonderes ist der **Huckelkuchen,** auch **Prophetenkuchen, Platz** oder **Aufläufer** genannt. Zutaten sind Mehl, Eier, Fett, Zucker und Salz, die zusammen mit einem Glas Rum oder Korn locker-schaumig-porös geschlagen werden, dünn ausrollen und bei kräftiger Hitze backen, wobei eine Tasse Wasser im Ofen stehen muß. Der Kuchen schlägt Blasen, bekommt Huckel (wenn es gelingt), wird dick gebuttert und gezuckert.

Als Geheimtip nun noch eine echte Thüringer Spezialität, die bisher wohl kaum veröffentlicht wurde: **Rumkaffee!** Eine halbe Flasche Rumverschnitt und 6 Teelöffel Zucker werden erhitzt, heißer dünner Kaffee wird langsam in den heißen Rum gegossen, mit 2 Teelöffeln Puderzucker umrühren und dann schlürfen. Dieses Gebräu wird im Holzland bei Stadtroda, Waldeck, Eisenberg, Klosterlausnitz, Eineborn zum Frühschoppen, zum Familienfest wie beim Tanzabend kannenweise getrunken, und schon der Genießer Goethe wußte Rumkaffee wie alle anderen Thüringer Küchenwunder zu schätzen.

Man versuche selbst und sage es weiter, so wird man immer noch ein bißchen gescheiter — ist das nicht auch sagenhaft?

# Inhaltsverzeichnis

Sagenhaftes Thüringen ................................. 5
Die Drei Gleichen ..................................... 7
Der zweibeweibte Graf ................................. 10
Das wilde Heer und der Getreue Eckart ................. 13
Zwerge und Riesen von Arnstadt bis Schwarza ........... 16
Der Rodaer Bierkrieg .................................. 20
Die bejauchten Grafen und anderes Erfurter Allerlei ... 24
Thüringens Sohn Johann Faust .......................... 28
Die Pest in Gera ...................................... 33
Wundervolles Jena ..................................... 36
Die Mördergrube inmitten der Rhön ..................... 40
Die kluge Katrin und die tapfere Katharina ............ 44
Tatort Thüringen und Ludwig der Springer .............. 48
Der Eiserne Landgraf .................................. 52
Der Sängerkrieg auf der Wartburg ...................... 55
Die heilige Elisabeth ................................. 58
Das Liebesnest von Venus und Tannhäuser ............... 62
Die Veste Wachsenburg —
Vom Raubnest zur gastlichen Stätte .................... 65
Historische Gaststätten
und ein Blick in Töpfe und Krüge ...................... 69